CUEVAS DE SAN CLEMENTE

BURGOS

EDITADO POR

TURISMO RURAL ARLANZA

2019 - 2020

© De la edición: Turismo Rural Arlanza

© De los textos: Gonzalo Alonso García. Excepto:

Texto Canto de las Marzas, Recopilación de Morfeo Teatro.

Textos varios anónimos de la Fuente Valhondo y la Iglesia de San Miguel Arcángel.

© De las imágenes: Gonzalo Alonso García, **Excepto:**

Mapa del Camino del Cid El Destierro. Imágenes Sellos Camino del Cid y Salvoconducto.

Cartel Murales de Leyenda Tierra De Lara. Asociación para el Desarrollo de Tierra de Lara.

Folletos-Trípticos, Modesto Ciruelos "Orígenes y Destinos", Fundación Modesto Ciruelos.

Folletos-Trípticos PRC-BU216 Sendero de San Clemente. Realizado por Albera Medio Ambiente, s.l -

diseñó pixanim.es - Promovido por Adecoar, Publicado en 2013. Depósito Legal: BU.242-2013

Foto Mapa Ráster Cartografía del instituto Geográfico Nacional. MTN25 © IGN ign.es

Folleto Turístico Mapa de Arlanza, Turismo Burgos, Sodebur, Diputación de Burgos.

Turismo Rural Arlanza

info@turismoruralarlanza.es

Escrito y Maquetado en Cuevas de San Clemente, Burgos.

Impreso en Polonia por Amazon Fulfillment.

ISBN: 9781793229311

Agradecimientos:

Excelentísimo Ayuntamiento de Cuevas de San Clemente.
A Paco y Maite, Morfeo Teatro.
Fundación Modesto Ciruelos
Camino del Cid.

En este libro encontrarás breves descripciones de lugares de interés de Cuevas de San Clemente, fotos, y enlaces con códigos QR a mas información actualizada.

Incluye también catálogos y trípticos, de rutas de senderismo, mapas de la zona e información de Modesto Ciruelos, destacado pintor, pionero del arte abstracto en España, que nació en Cuevas de San Clemente.

Guía, Álbum con más de 100 fotos del pueblo en diferentes épocas del año.

Espero que disfrutéis de esta segunda edición.

CONTENIDO

DEDICADO A LOS QUE VIVEN EN LOS PUEBLOS.

Gonzalo Alonso García

CUEVAS de SAN CLEMENTE
Iglesia de San Miguel Arcángel
románica, con restos góticos.
Pila bautismal del siglo XII.
Remodelada (última
remodelación en 1793)
MANCOMUNIDAD
RIBERA DEL ARLANZA Y DEL MONTE
Diputación de Burgos

CUEVAS DE SAN CLEMENTE

Pueblo situado al este de la provincia de Burgos, a los pies de la "Sierra de las Mamblas", entrada a la Comarca del Arlanza por la BU-901, y por la N-234 a Tierras De Lara y la Sierra de la Demanda.

Un 11% de su término municipal se encuentra dentro de la Zona de Especial Protección para las Aves del espacio protegido de Castilla y León, Sabinares del Arlanza.

A menos de 30km de muchos lugares de interés cercanos, Burgos, Covarrubias, Santo Domingo de Silos, Lerma o Salas de los Infantes.

CUEVAS DE SAN CLEMENTE , SITUADO A 28KM DE BURGOS.

Estas tierras ya estuvieron habitadas hace más de 3000 años a. C , y las pruebas de ello son los múltiples hallazgos de restos arqueológicos en toda la comarca cercana.

La hipótesis más probable es que una vez reedificada la ciudad De Lara en el año 902 y dado el salto de la Sierra de Mamblas hacia el año 912 había que poner una línea defensiva en aquella zona.

Aprovechando el derecho de presura concedido por el rey para la repoblación,

MURALES DE LEYENDA TIERRA DE LARA - CAPITULO 9 - LA VENGANZA DE MUDARRA , REALIZADO POR PEDRO LÓPEZ MARTÍNEZ.

El origen del pueblo lo podemos situar a partir del Siglo X , justo cuando el rey Alfonso III decide repoblar toda esta zona para que la reconquista avance hacia el sur y este.

A su llamada acuden gentes del norte (atestiguado por numerosos términos cuyos nombres evocan esa procedencia: Vizcaínos , Váscones, Vasconcillos, etc...) y del sur (que escapaban de la dominación árabe).

llegaron hasta esta zona mozárabes huidos de Al-Andalus: así nacería el pueblo de San Clemente, nombre este de santo mártir en tierra morisca, siguiendo la tradición mozárabe.

Las eras del pueblo, con los montones de cereales. antiguamente se usaban los trillos como aperos para separar el trigo de la paja.

Las referencias históricas más antiguas sobre la localidad y su iglesia se encuentra en un documento fechado un 25 de noviembre del año 1152 en Castrojeriz, mediante el cual Alfonso VII donó a la Catedral burgalesa y a su obispo don Víctor la iglesia de San Clemente y la villa de Cuevas de San Clemente (ecclesia Santti Clementes cum illa villa que vocatur Covas).

Dependencia que se mantuvo hasta mediados del s. XIV. según el libro "Becerro de las Behetrías".

De esta cita se desprende que etimológicamente el topónimo actual proviene de la antigua advocación de su iglesia.

El pueblo actual sería la fusión de todos los núcleos de población antiguos y cercanos: San Clemente, Cuevas, Ruyales, Vascones, Mazariegos, que fueron desapareciendo progresivamente concentrándose la población en el núcleo central o más importante.

El nombre del pueblo recoge, por tanto, toda la historia precedente.

De sus muchas gentes, uno ha sido últimamente el que ha llevado el nombre de Cuevas por el mundo, el pintor Modesto Ciruelos.

Iglesia Parroquial de San Miguel Arcángel.

Jardín de la Iglesia - Paseo por el pueblo

MODESTO CIRUELOS
ORÍGENES & DESTINOS

MUESTRA ARTÍSTICA AL AIRE LIBRE
- CUEVAS DE SAN CLEMENTE -

Ciruelos fue **Catedrático de Dibujo** desde 1934. **Académico de la Real Academia de Bellas Artes de San Fernando** desde 1974. **Consejero de Cultura de la Excma. Diputación de Burgos** a principios de los años 80. **Hijo adoptivo de Burgos** en 1993. **Miembro de Honor de la Institución Fernán González** desde 1996. **Premio de las Artes de Castilla y León** en 1998 y **Medalla de Oro de la Provincia** en el año 2000.

Modesto Ciruelos falleció en Burgos, el 24 de agosto de 2002.

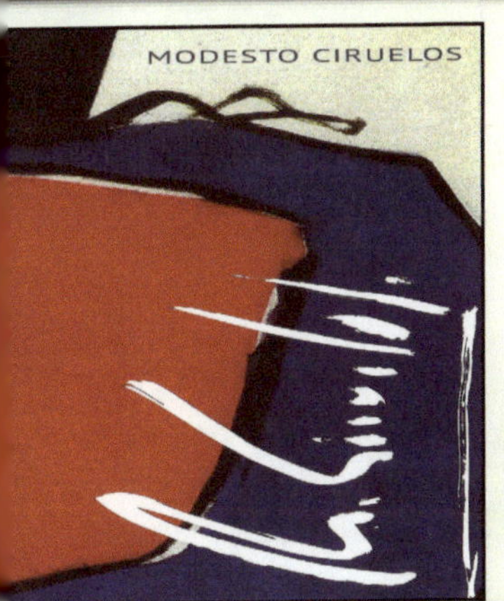

Pintura. 1982.
Técnica mixta sobre lienzo.
146 x 97 cm

Ayuntamiento
de
Cuevas de San Clemente

MODESTO CIRUELOS

Modesto Ciruelos (Cuevas de San Clemente (Burgos) 1908 – Burgos 2002), es considerado uno de los pioneros del arte abstracto y uno de los principales pintores españoles del siglo XX.

Ciruelos se formó en Madrid, en la **Escuela de Bellas Artes de San Fernando**, en donde cursó estudios entre 1927 y 1932. Tuvo como compañeros a, entre otros, Salvador Dalí, Cristino Mallo y Rafael Zabaleta.

En 1933 fundó en la capital, junto a Horacio Ferrer, el **Grupo de Artistas de Acción.** Por aquel entonces comenzó a exponer en Madrid, tanto en los **Salones de Otoño** como en las **Exposiciones Nacionales de Bellas Artes.** Después fue seleccionado para participar en el pabellón de España de la **Exposición Internacional de París de 1937**. Ciruelos presentó dos cuadros expresionistas, **Fusilados y Descubierta**, que denunciaban la brutalidad de la Guerra Civil Española y que compartieron espacio con el **Guernica** de **Picasso** y con obras de **Miró, Juan Gris, Cristino Mallo y Gutiérrez-Solana.**

Tras la guerra, compaginó la creación artística con la enseñanza en su Cátedra de Palma de Mallorca. En 1948 abandonó la actividad docente para dedicarse en exclusiva a la pintura.

Durante los años 40 y 50 las obras de **Ciruelos** se expondrán en las principales salas y galerías del país: **Biosca, Clan, Fernando Fé y Estilo** en **Madrid; Stvdio** en **Bilbao** y **Proel** en **Santander.** También participará, con pinturas cada vez más abstractas e innovadoras, en el **V Salón de los Once de la Academia Breve de Crítica de Arte** (Madrid, 1947). Posteriormente fue seleccionado por esta misma institución para las Exposiciones Antológicas de 1949, 1952 y 1953.

Durante los años 50, 60 y 70, **Ciruelos** continuó investigando y avanzando por la senda de la abstracción más pura y vanguardista. En su pintura comenzó a predominar, cada vez más, la forma y el color sobre la figura y el dibujo. Sus obras, además, obtuvieron una gran repercusión a nivel internacional. Expuso en el **Salón Internacional de Arte Libre de París de 1953**, en la **II** y **V Bienal de Sao Paulo de**

1953 y 1959, en la **II Bienal Hispanoamericana de la Habana de 1954**, en la **XXV Bienal de Venecia de 1956** y también en otras muestras de pintura española contemporánea que pudieron verse en **Nueva York, Rio de Janeiro, Washington, Caracas y Montevideo**, compartiendo espacio con pinturas de, entre otros, **Miró, Canogar, Saura, Millares y Tapies.**

En **1960** participó en una exposición que reunió a lo más granado del **Arte de Vanguardia nacional.** La muestra, titulada **Espacio y Color en la Pintura Española de Hoy**, pudo verse en **Rio de Janeiro, Sao Paolo, Montevideo, Buenos Aires, Quito, Santiago de Chile, Lima, Bogotá y Caracas.**

En **1962** acudirá a otras dos exposiciones clave: La titulada **Contrastes en la Pintura española de Hoy**, itinerante por **Tokio, Osaka, Nagoya, San Francisco, Denver y Nueva York**, y la denominada **Arte Español Contemporáneo**, que se expuso en **Bruselas, Helsinki, Bonn, Berlín y Munich.**

La rompedora y experimental producción artística de **Ciruelos** también se contemplará en la **Galería Chalette de Nueva York**, en la **Galería Neblí de Madrid (1963)**, en una exposición Antológica Abstracta en la **Sala de Santa Catalina del Ateneo de Madrid (1964)** y en el **National Art Galleries of Spain de Nueva York (1964).**

A partir de los años 80, **Ciruelos** continuó innovando y ofreciendo obras abstractas de gran pureza y síntesis creativa. Algunos de estos cuadros se mostraron en la galería madrileña **Novart**, suscitando encendidos elogios del crítico de arte **Javier Rubio**: "...pintura pura y joven realizada por un pintor de setenta y siete años que ya ha recorrido todos los caminos y para quien el oficio no tiene secretos". Entre 1986 y 1987 se celebraron sendas muestras que reconstruían el **Pabellón de España** en la **Exposición Internacional de París de 1937.** De este modo volvieron a exponerse los cuadros de Ciruelos **Fusilados y Descubierta**, tanto en el **Palau de la Virreina** de **Barcelona** como en el **Museo Reina Sofía** de **Madrid.**

Desde 1993 y hasta nuestros días, se han llevado a cabo numerosas e importantes retrospectivas y antológicas dedicadas a **Ciruelos** en **Madrid, Burgos, Valladolid, Salamanca**, etc. También ha participado en gran cantidad de exposiciones colectivas en **París, Oporto, Sevilla, Bilbao, Madrid, Zaragoza**, etc.

MODESTO CIRUELOS ORÍGENES Y DESTINOS

Ésta muestra al aire libre une la localidad natal de **Modesto Ciruelos (Cuevas de San Clemente)**, con todos aquellos lugares que, a lo largo del mundo, han mostrado, y muestran, las obras pictóricas del **pionero del Arte Abstracto en España.** Pinturas creadas a lo largo de casi siete décadas y expuestas en los principales museos y galerías de **Arte Contemporáneo** del mundo, tales cómo: el **Museo Nacional Centro de Arte Reina Sofía de Madrid**, el **Metropolitan Museum de Nueva York**, el **MOMAT de Tokio**, las II y V **Bienal de Sao Paulo**, la II **Bienal Hispanoamericana de la Habana**, la XXVIII **Bienal Internacional de Venecia** y muestras individuales y colectivas en: **Osaka, Denver, Buenos Aires, Madrid, Bonn, Bruselas, San Francisco, París, Bilbao, Barcelona, Lisboa, Oporto,** etc....

De ésta manera, las plazas y calles de **Cuevas de San Clemente**, se convierten en un museo de Arte Contemporáneo en el que se pueden contemplar señeras obras de su hijo más ilustre.

RECORRIDO EXPOSITIVO DE LA MUESTRA

1 Casa natal / Inicio exposición
2 Fuente y antiguo lavadero.
6 Iglesia Parroquial
* Espacio Cultural Modesto Ciruelos

Iglesia Parroquial de San Miguel Arcángel - Carteles de **Modesto Ciruelos**.

La Fragua, Espacio Cultural Modesto Ciruelos.

Dentro se exponen seis paneles que recorren su biografía y obra.

En el exterior también se pueden ver algunas de las muestras de la exposición al aire libre, "Orígenes y Destinos".

La fragua fue inaugurada el 18 de Mayo del 2013 en las *I Jornadas de Patrimonio Natural, Cultural y Etnográfico*.

Junta de
Castilla y León
"QUÉ VER"
COVARRUBIAS
N-234
C-110
LERMA
SAN PEDRO
DE ARLANZA
SALAS DE
LOS INFANTES
NEILA
QUINTANAR
DE LA SIERRA
CASTRILLO
DE SOLARANA
BU-900
BU-P-221
STO. DOMINGO
DE SILOS
HACINAS
SANTIBÁÑEZ
DEL VAL
PALACIOS
DE LA SIERRA
desfiladero
de La Yecla
BU-911
N-1
CALERUEGA
C-111
CLUNIA
GUMIEL
DE IZAN
BU-920
BAÑOS DE
VALDEARADOS
CORUÑA
DEL CONDE
BU-910
HONTORIA DE
VALDEARADOS
SINOVAS
PEÑARANDA
DE DUERO
ARANDA
DE DUERO
N-122
LA VID
MODESTO CIRUELOS

Posibles Icnitas, pisadas de Dinosaurios, en la ladera de la roca de la fuente

LA FUENTE

De dos caños dorados y con una inscripción en la parte superior de la piedra donde indica la fecha de cuando fue construida, año "1891".

Agua que llega de un manantial cercano.

Mucha gente la visita diariamente , por su magnifica calidad y buen sabor.

Podría pensarse, que este agua, proveniente de cuevas subterráneas fluye bendecida por San Clemente para que todo el que la beba conserve buena salud y le de ánimos y energía para continuar su ruta o viaje.

A continuación está el pilón, lugar reservado para saciar la sed del ganado y animales domésticos.

Y completa la estructura arquitectónica el Lavadero también llamada *"La Poza"*

Antiguamente se usaba para lavar prendas de ropa, en la poza exterior se lavaba y enjabonaba la ropa más sucia, y luego se aclaraban y dejaban secar en la poza cubierta.

Recientemente han sido restauradas para poner en valor las costumbres y tradiciones rurales.

También podemos encontrar varios carteles de la muestra artística al aire libre, *"Orígenes y Destinos"* dedicado a **Modesto Ciruelos**.

AÑO.
D 1891.

LA FUENTE VIEJA

Continuando por el paseo de la Fuente Vieja, a escasos metros, llegamos al centenario puente de piedra, por donde pasa el río Laurel.

Unas mesas de madera acompañan a la fuente vieja, creando un lugar ideal para andar o descansar, disfrutando del alegre canto de los pájaros.

Fuente de un solo caño, de agua buena y saludable.

Lugar por donde pasan varias rutas de senderismo como la Senda del Risco Verde, Sendero de San Clemente PRC-BU 216, Camino a Las Mamblas o el Camino a Mecerreyes.

FUENTE DE LA RIVERA

Se puede llegar siguiendo la ruta PRC-BU 216 del Sendero de San Clemente , está cerca de *los Ruyales*, por donde también pasa la ruta del Camino del Cid, situada en una llanura con un paisaje singular, cercano a donde se encuentra la vieja y famosa ***"Encina del Sangueral"*** de más de trescientos años de edad.

Antiguamente por aquí pasaban los carreteros con sus caballerías, carros, carretas, paraban a descansar y a beber agua.

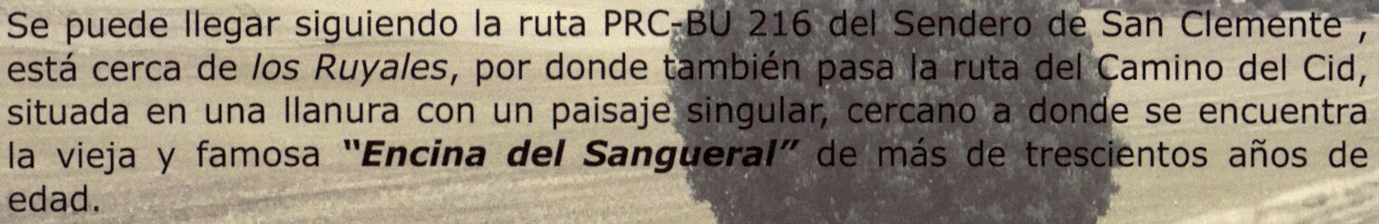

FUENTE DE ESPINOSA

Agua de manantial, situada en el camino a Cubillo, esa es la información básica, si preguntas a alguien del pueblo, muchos han oído hablar de ella pero pocos saben donde está.

Afina el oído, observa el terreno, lleva botas para el barro, y el sombrero de Indiana Jones, quizás la encuentres o quizás no!

En busca de la fuente perdida! , de Cuevas de San Clemente.

TU AVENTURA RURAL

Has encontrado la Fuente de Espinosa ?

Envíanos una foto y en la próxima edición la publicaremos.

También podéis mandarnos fotos de cualquier parte del pueblo a:

info@TurismoRuralArlanza.es

Alto Morillón
1118
138 kV
K. 466
Gravera
1037
1100
Tf.
1091
1107
Monte Mayor
K. 465
Gravera
Fuente del Medio
Cuevas de
San Clemente
Fuente Vieja
1123
K. 464
Peña Argaña
la
k. 1
Sierra
1150
K. 463
N-234
anillas
1114

FUENTE DE SAN CLEMENTE

Fuente con abrevadero, zona de ocio y descanso, con mesas para merendar.

Agua de manantial, para reponer energías si estás de paso por la zona recorriendo alguna ruta.

Esta situada a 2 km aproximadamente de Cuevas de San Clemente.

Por aquí pasa también el Sendero de San Clemente PRC-BU 216.

Siguiendo el camino, podemos observar un risco de caliza , llamado "El Bocarón de San Clemente" junto al sumidero de una cueva natural.

Paraje de encinas, agradable y tranquilo.

En el merendero hay contenedores de basura, es recomendable dejar el lugar recogido y limpio para poder mantenerlo en perfecto estado y que lo pueda disfrutar cualquiera que lo desee.

"**El Bocarón de San Clemente**" alrededor hay cuevas naturales, buen lugar para observar aves, Birdwatching

FUENTE DE VALHONDO

Esta situada al noreste del pueblo hacia el Camino de San Clemente. construida de norte a sur, y de aproximadamente unos sesenta metros, esta compuesta por varios elementos que se adaptan al lugar donde se encuentra.

Con una tipología y disposición que hacen considerarla como una fuente singular.

Capta el agua filtrada de la parte alta del pequeño relieve montañoso de "la dehesa", surgiendo el manantial sobre un terreno totalmente de areniscas, lo que permite que fluya un agua suave al contacto con la piel y de textura blanda (carente de cal en su composición).

Estas características, ya la definieron por los años cuarenta y sesenta del siglo pasado, como una fuente muy apreciada para el consumo humano, y desde el punto de vista culinario, siendo ideal para la cocción de todo tipo de legumbres.

La fuente esta compuesta de un pequeño paramento vertical de argamasa con dos caños a distinta altura, que vierten el agua a una pequeña pila inicial de 40x30x30 cm. y en cuyos lados, todavía hoy se puede apreciar la siguiente caligrafía: "su propio nombre BALONDO 1964".

Es sin duda el testimonio que quiso dejar la persona que entonces se encargaba de su conservación.

De dicha pila parte una canaleta de media caña de cinco metros de largo que desemboca en la primera pilastra de 80x30x20 cm, de la que tras 1,20 metros de canaleta surge la segunda pilastra, y así intercaladas, hasta la sexta, de la que continua 3 metros de canaleta hasta desembocar en un pilón de 4x3x1 metro, con una división a un tercio del mismo, en el que fijándonos un poco podemos apreciar la siguiente inscripción:

"1955 proibido lavar ropa sucia". esto pone en valor la importancia que tenia esta fuente por aquel entonces.

Las pilastras, se usaban como abrevaderos para el ganado y la fauna salvaje como aves, jabalís, corzos, etc.

A partir del ultimo tercio del siglo pasado entra en un periodo de decadencia y abandono, quedando oculta entre la maleza y la vegetación, permaneciendo así, hasta el año 2008, en el que con la colaboración del aula de medio ambiente de caja burgos (programa "ranas para el futuro"), y personas voluntarias del pueblo, se consigue sacarla de nuevo a la luz después de realizar una limpieza en todo su entorno.

Hoy en día se sigue buscando la colaboración desinteresada de todos con el fin de restaurar la canaleta, las pilastras y el pilón, contribuyendo a ponerla en valor como un elemento etnográfico más del pueblo.

SENDA DE VALHONDO

En el año 2008, con la colaboración del Aula de Medio Ambiente de Caja Burgos se realizó el programa medioambiental de *"ranas para el futuro"* donde personas voluntarias del pueblo realizaron una limpieza en todo su entorno desde las eras del pueblo hasta la singular fuente del Valhondo.

Terreno arcilloso y de arenisca, en el que destacan dos pequeñas charcas donde no solo se puede escuchar el canto de las ranas, sino también el trino de varias especies de aves que han encontrado aquí su hábitat.

Es habitual encontrar **"Gerris lacustris"**, zapateando en el agua.

CUEVA DE LOS MURCIÉLAGOS

El nombre del pueblo ya hace referencia a las numerosas cuevas naturales cercanas, y en este caso , una de las más conocidas por sus paisanos es la cueva de los murciélagos, donde en verano los jóvenes aventureros se acercaban en bicicleta compartiendo historias y buenos momentos.

Este lugar no es muy conocido, porque su acceso es dificultoso y hay que tener precaución y sentido común , respetando el entorno, fauna y flora, y los animales que pueda haber en su interior, que pueden dar algún susto a más de uno, en este caso los murciélagos.

En verano es cuando se puede ver más movimiento de estos quirópteros por la cantidad de mosquitos existentes, siendo estos la base fundamental de su dieta alimenticia.

IGLESIA DE SAN MIGUEL ARCÁNGEL

La iglesia parroquial de Cuevas De San Clemente está dedicada a la advocación de San Miguel.

Es un edificio de tres naves que conserva algunos vestigios de su antigua construcción románica reutilizados posteriormente para ampliar la iglesia en varias fases (siglo XIV y XVI) se pueden observar algunos canecillos en el exterior y la cabecera conserva los arranques románicos aunque termina ahora en una obra renacentista.

El interior de la iglesia es muy sobrio, destacando por encima de todo su pila bautismal, de estilo románico, único testimonio del mobiliario litúrgico medieval que ha llegado hasta nuestros días. Consta de doble basamento circular, decorado con arquillos incisos en la parte inferior y borde biselado en la superior.

La copa es de forma semiesférica y está decorada con motivos figurativos de talla muy somera.

Una cenefa de dientes de sierra enmarca una arquería de columnas entorchadas que cobijan tetrapétalas inscritas en círculos, dos serpientes, aves afrontadas picoteando piñas y otras de mayor tamaño que ocupa todo el espacio del arco.

Del resto de la decoración destacan el actual retablo neoclásico dedicado a San Miguel y varios restos dispersos por la iglesia de un antiguo retablo barroco.

Virgen del Sagrado Corazón, San Isidro Labrador, Cristo

Virgen del Carmen

Virgen del Rosario

Retablo de San Miguel Arcángel - Iglesia

Santa Lucia, Virgen de la Inmaculada, Santa Eulalia

Pila bautismal, estilo románico Siglo XII

En el año 2011 se fundieron las campanas de San Miguel Arcángel y de Santa Barbara, ya que con el paso de los años estaban bastante deterioradas, desde entonces lucen como nuevas deleitando con su sonido a todo el pueblo.

Podéis ver en este enlace el video de cuando se pusieron las nuevas campanas.

https://youtu.be/
y4xnFUQ7wcw

Es tradición de los campaneros del pueblo subir al campanario y voltearlas de forma sincronizada.

https://youtu.be/
p9RFO2wwmP4

La pila bautismal, sello del Camino del Cid a su paso por Cuevas de San Clemente , pila románica del siglo XII, cuyos gestos y técnica recuerdan la cercanía de Santo Domingo de Silos y su influencia artística en ese tiempo.

Cuevas de San Clemente, Castilla...

Filtros
266 rutas
Listado
SENDERISMO
PASEO DE LA FUENTE VIEJA
Cantera
1107
Monte Mayor
El Cerro
Pradera Baja
Cuevas de San Clemente
El Vallejo
Blanc
decue
Arrieros
Las Escabañas
Río Fuente Palomas
El Río
K. 464
Santa Lucía
Las Conejeras
Los Areneros
(grava)
(grava)
(grava)
Valdelasfuentes
1079
Fuente
Las Cabezas
1094
K. 465
K. 466
1050

PRC-BU 216 SENDERO DE SAN CLEMENTE, CIRCULAR SENCILLA 9,4KM

Ruta oficial red de senderos pequeño recorrido PRC-BU 216 "Sendero de San Clemente" de 9,4 km
El inicio de la ruta se encuentra en la salida del pueblo por la BU-901 en dirección hacia Covarrubias
junto al Lavadero.

Está perfectamente señalizada, algún tramo por los Ruyales coincide con el *Camino del Cid*.
Ruta circular, que empieza y acaba en Cuevas de San Clemente y pasa por paisajes naturales de los
Sabinares del Arlanza , donde podrás disfrutar de la flora, fauna, y Birdwatching.

SENDA DEL RISCO VERDE, SENCILLA 1,5KM

SENDA PUENTE DE SAN MARCOS, SENCILLA 1KM

SENDA DEL RISCO DE LOS LOBOS, SENCILLA 2KM

CAMINO SAN CLEMENTE, CIRCULAR SENCILLA 3KM O 12KM

CAMINO MAZARIEGOS, CIRCULAR SENCILLA 8KM O 12KM

CAMINO A QUINTANILLA DE LAS VIÑAS, SENCILLA 20KM

CAMINO DE LAS MAMBLAS, ERMITA, CIRCULAR SENCILLA 18KM

CAMINO DEL CID CUEVAS DE SAN CLEMENTE

Hay 4 rutas diferentes dependiendo de cómo te guste viajar, Motor, Cicloturismo, Senderismo y BTT-MTB.

Obtén tu **Salvoconducto** en las oficinas de turismo y recorre la etapa del **Destierro** del Camino del Cid, en su recorrido encontraras puntos de sellado, donde también puedes quedarte a descansar y reponer energías.

El sello del Camino del Cid, de Cuevas de San Clemente, es la preciosa pila bautismal que está en la iglesia de San Miguel.

Puedes sellarlo en:

Casa Rural Sixto, está situada en la carretera BU-901 enfrente de la parada del autobús.

Auto-sellado desde la ventana.

Y en *Casa Rural La Hornera*.

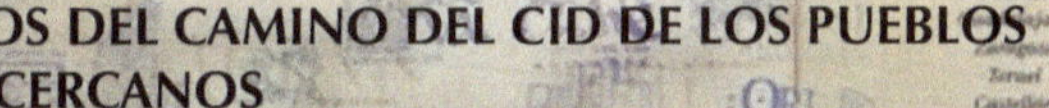

CAMINO CID

BURGOS
VIVAR
del CID
CAMINO DEL CID

BURGOS
CAMINO DEL CID

CARDEÑAJIMENO
CAMPO DEL CID · BURGOS

BURGOS · CAMINO DEL CID
SAN PEDRO DE CARDEÑA

MODÚBAR
DE SAN CIBRIÁN

BURGOS
REVILLA
DEL CAMPO

BURGOS
TORRELARA
CAMINO DEL CID

Quintanilla
de Viñas

CUBILLO DEL CÉSAR

CUBILLO
CAMP

CAMINO DEL CID · BURGOS
CUEVAS D
SAN CLEMENTE

BURGOS
MECE
RREYES
CAMINO DEL CID

BURGOS
COVA
RRUBIAS
CAMINO DEL CID

CAMINO DEL CID
D SILOS
SANTO DOMINGO
BURGOS

CALERUEGA
BURGOS · CAMINO DEL CID

CAMINO DEL CID · BURGOS
Huerta
de Rey

Número del
salvoconducto
Nº 000839

QUINTANARRAYA
BURGOS · CAMINO DEL CID

PEÑARANDA
D DUERO
BURGOS

CAMINO DEL CID
PUNTO DE SELLADO

CAMINO DEL CID
ego ruderico
Vivar del Cid
13 km
Quintanilla Vivar
Villatoro
BURGOS
66 km
Cortes
Cardeñajimeno
Monasterio de San Pedro de Cardeña
Río Arlanzón
Carcedo de Burgos
Modúbar de San Cibrián
Los Ausines
Revilla del Campo
Cubillo del Campo
Cubillo del César
Torrelara
Paúles de Lara
Cuevas de San Clemente
Cubillejo
Lara de los Infantes
Quintanilla de las Viñas
Mecerreyes
Covarrubias
San Pedro de Arlanza
64 km
Río Arlanza
Lerma
Retuerta
Salas de los Infant
Santibáñez del Val
Santo Domingo de Silos
Hinojar de Cervera
Peñacoba
Mamolar
Hortezuelos
Espinosa de Cervera
Pinarejos (área recreativa)

CAMINO CID
ego ruderico

PR

PRC - BU 216

Sendero de pequeño recorrido
9,4 Km.

Zorro
(Vulpes vulpes)

Sendero de

SAN CLEMENTE
en Cuevas de San Clemente

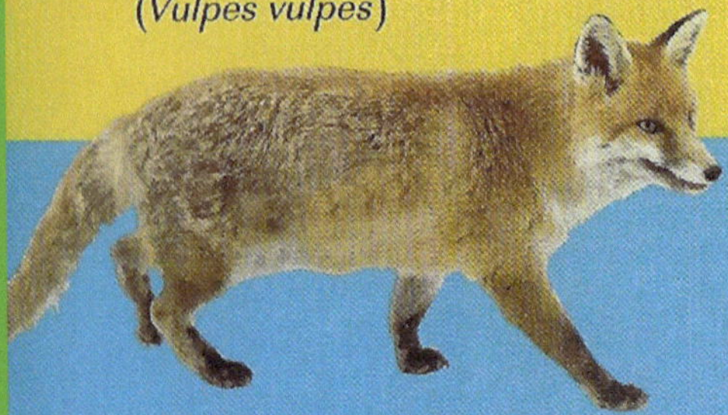

Bajo la atenta mirada de la Sierra de las Mamblas se encuentra la localidad de Cuevas de San Clemente, un pequeño pueblo burgalés situado entre dos parajes históricos y naturales fascinantes para cualquier interesado en el Medievo: las tierras de Lara y la Comarca del Arlanza.

Estas tierras jugaron un papel ya olvidado durante la repoblación hacia las tierras del Duero, aunque muchas de sus huellas se han borrado para siempre, aún quedan algunos vestigios interesantes, como la iglesia parroquial de San Miguel Arcángel, que pese a sufrir numerosas modificaciones, guarda una interesante pila románica del siglo XII, quizá proveniente de alguna de las ermitas o iglesias de los alrrededores, cuyos gestos y técnica recuerdan al viajero la cercanía de Santo Domingo de Silos y su influencia artística en ese tiempo.

SALIDA DESDE LA FUENTE, CONTINUA POR LA FUENTE VIEJA PASANDO EL PUENTE DE SAN MARCOS CRUZANDO LA CARRETERA POR EL CAMINO

PRC-BU 216 SENDERO DE SAN CLEMENTE

Ruyales 3,6 km

Paraje de San Clemente 1,7 km

COMARCA DEL ARLANZA

adecoar

PRC-BU 216 SENDERO DE SAN CLEMENTE

Cuevas de San Clemente 0,5 km

COMARCA DEL ARLANZA

adecoar

CONTINUANDO POR EL CAMINO, NOS ENCONTRAMOS CERCA LAS CABAÑAS Y SEGUIMOS HACIA LOS RUYALES.

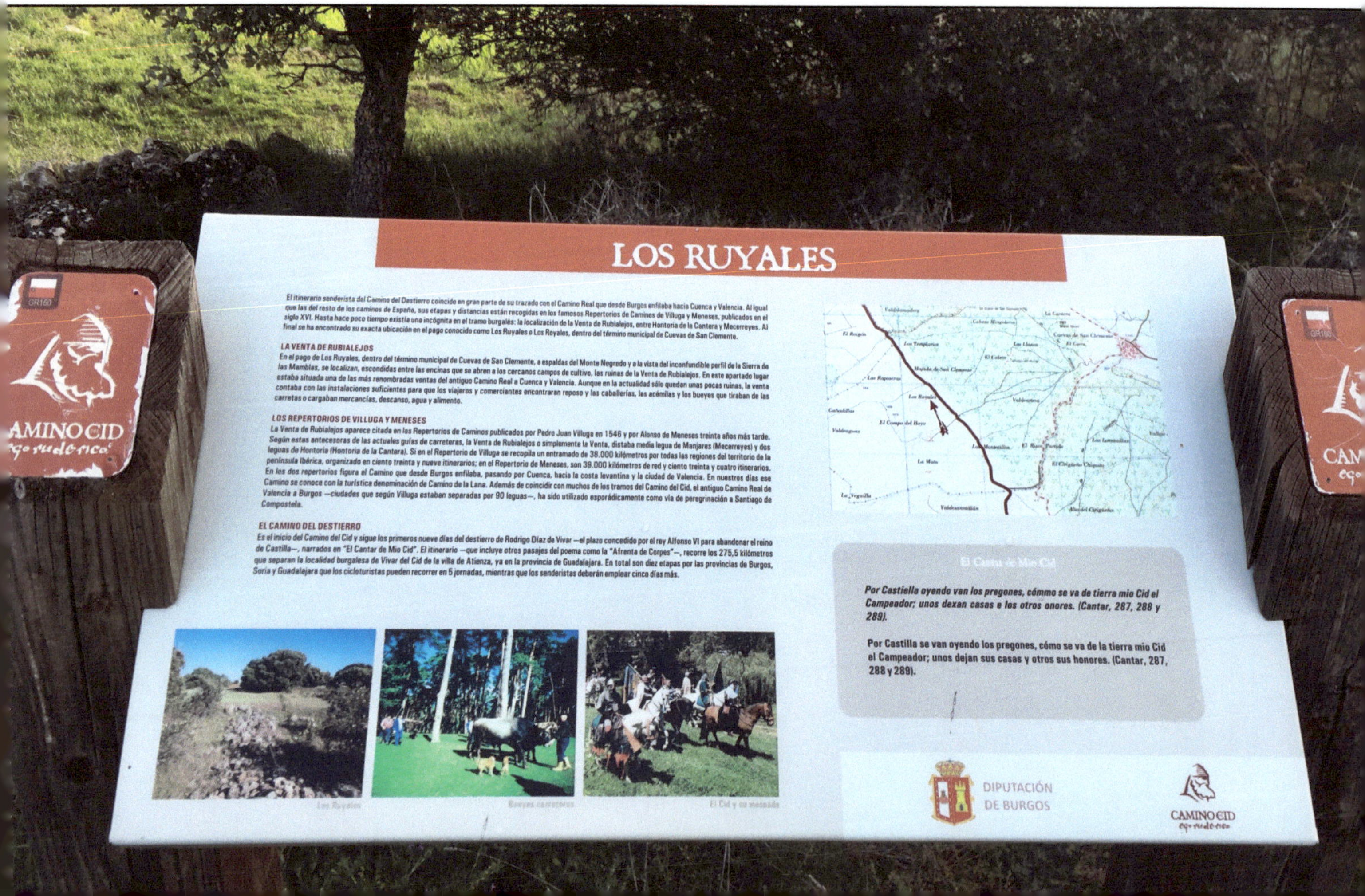

Peña de San Clemente

② El Camino del Cid es un itinerario turístico cultural que sigue las huellas de Rodrigo Díaz de Vivar a través del Cantar de Mío Cid, uno de los grandes poemas épicos de la literatura universal. Comienza en Burgos y discurre por las provincias de Soria, Guadalajara, Zaragoza, Teruel, Castellón, Valencia y Alicante. El Camino del Cid atraviesa las tierras de San Clemente, compartiendo el trazado con este recorrido senderista.

① En los bosques mediterráneos las especies de hoja pequeña, dura y perenne son las que dominan el paisaje. El motivo de estas adaptaciones es evitar la perdida excesiva de agua, ya que la característica principal del clima mediterráneo es una acusada sequía estival.

La especie más representativa de este tipo de bosques es la encina o carrasca. Sus hojas son duras, pinchudas y recubiertas de una cera protectora que evita que se sequen durante el verano. De la encina se ha aprovechado casi todo a lo largo de la historia. Su madera se ha usado como combustible, para la o para fabricar carbón vegetal; sus frutos, las bellotas, como alimento para el ganado y los taninos de su madera (compuestos alcohólicos que posee para protegerse del taque de insectos) para curtir las pieles.

Encina Sangueral (*Quercus ilex*)

MAPA · SENDERO de SAN CLEMENTE · PRC - BU 216

N
Tenadas
Del Calero
CUEVAS DE SAN CLEMENTE
PRC-BU 216 · km 0
Cruce
Carretera de Mecerreyes
Alto Monte Mayor
Valdecuevas
El Cerro
Las Lomanillas
Cueva de
San Clemente
Ctra. BU-901 Cuevas - Mecerreyes
Valdelamadera
Los Templarios
Los Montecillos
Los Ruyales
Alto de la Cañada

población
fuente
encinas
matorral
sabinas
chopos
cueva
cereal
tenada
arroyo
sendero

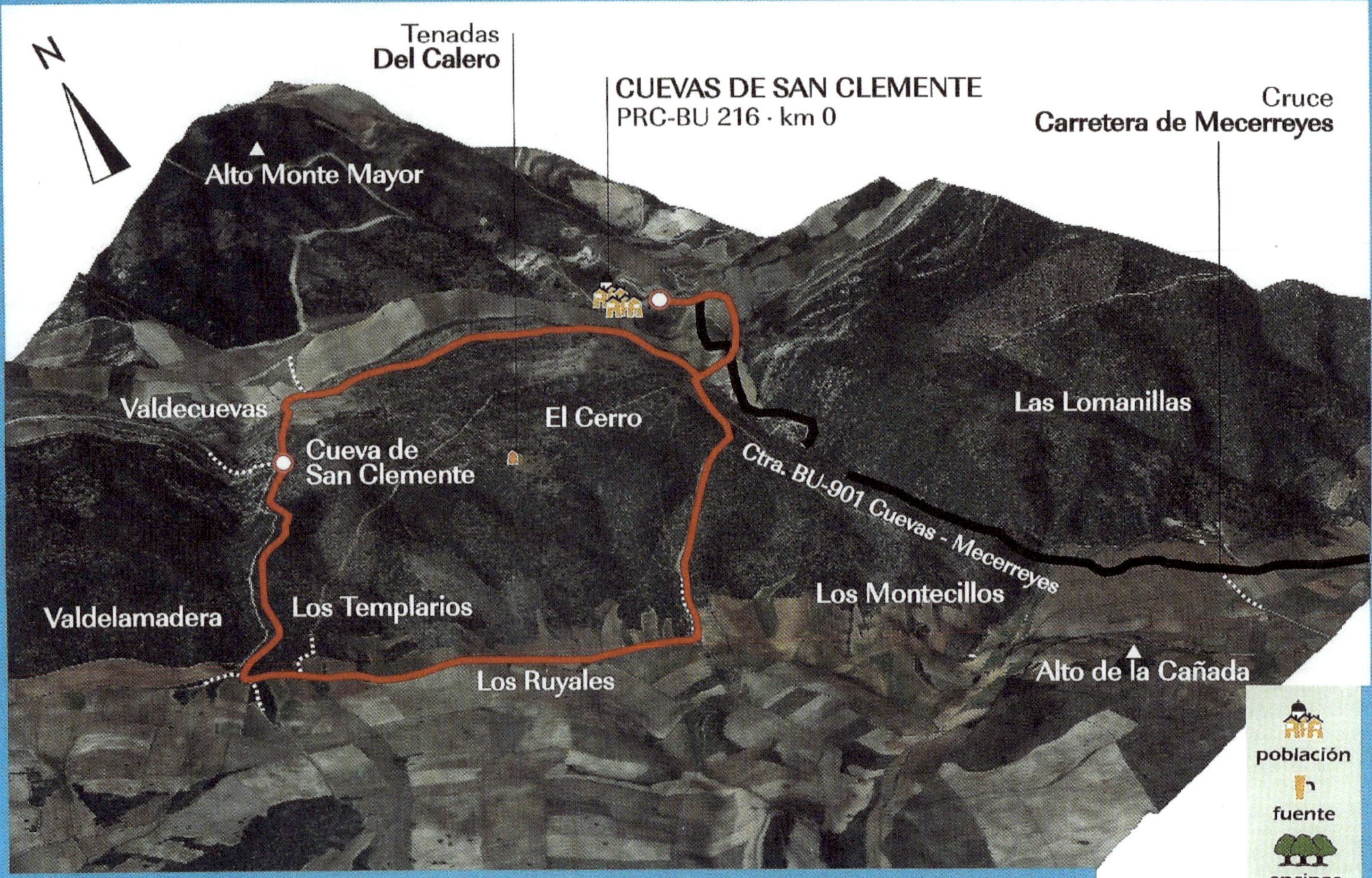

PERFIL · SENDERO de SAN CLEMENTE · PRC - BU 216

Desnivel acumulado: 50 metros
Arroyo de la Vega
0,4
Arroyo de la Vega
altitud
1.150
1.120
1.090
1.060
1.030
970
CUEVAS DE
SAN CLEMENTE
CUEVAS DE
SAN CLEMENTE
0
3
6
9
9,4 distancia
KM.
6,5
7,3
Cueva de
San Clemente
Fuente y Área recreativa
de San Clemente

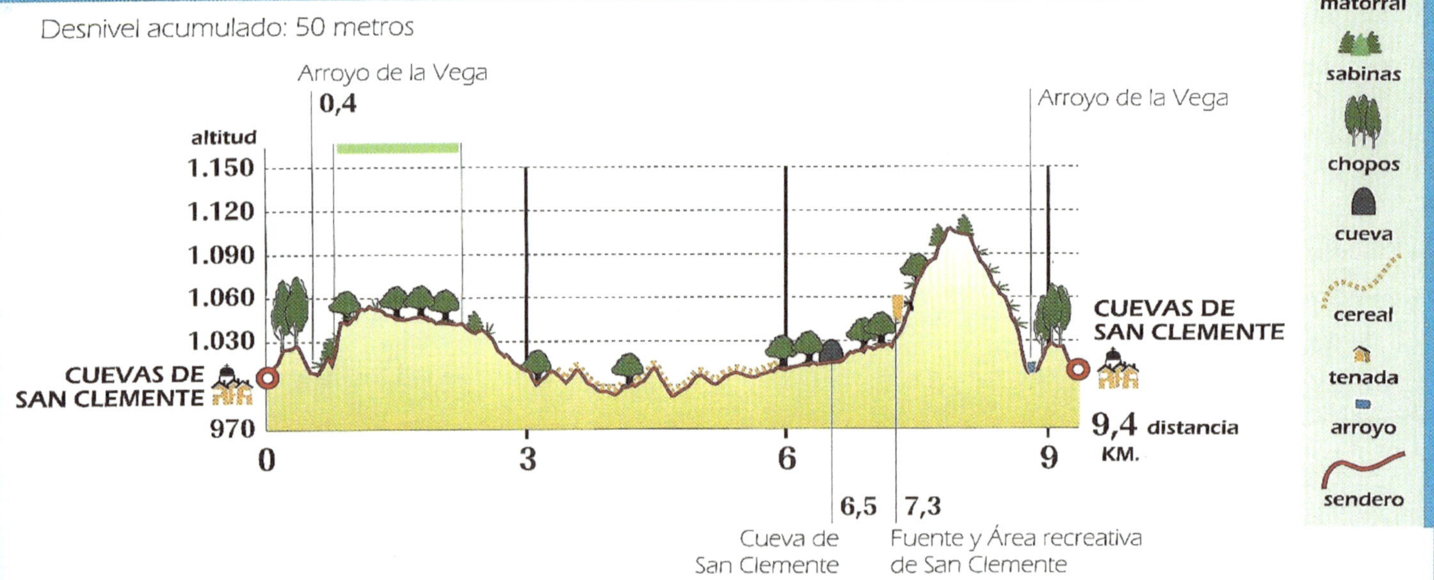

SENDA DEL RISCO VERDE

SENDA DE CORTO RECORRIDO, APROXIMADAMENTE DE 1,5 KILÓMETROS.

Empieza en la fuente vieja siguiendo el camino llegarás a una bifurcación, seguir por el camino que sube unos 150 metros.

Al salir del camino, es recomendable subir por la zona menos frondosa, teniendo como referencia el risco.

Continuar por el monte a través, el terreno tiene una inclinación moderada, unos 500 metros hasta ver la cueva del Risco Verde.

Desde arriba se puede disfrutar de una bonita panorámica con el pueblo al fondo.

Se puede recorrer a pie toda la base del risco, descubriendo perfiles mas protegidos y resguardados, que son usados por la fauna de esta zona para protegerse de las inclemencias meteorológicas.

SENDA PUENTE DE SAN MARCOS

Un poco más arriba, como ya hemos hablado antes, se encuentra el Risco Verde, donde se puede disfrutar de unas preciosas vistas.

Circular, sencilla 2,5Km.

Por este puente pasa el río Laurel.

Hay un pequeño sendero , paralelo al río con una buena densidad de árboles donde podemos observar algunas especies de aves y la vegetación arbustiva de la zona.

A pocos metros está señalizada la ruta del Sendero de San Clemente PRC-BU 216, que continua cruzando la carretera y siguiendo el camino.

SENDA DEL RISCO DE LOS LOBOS

Paseo de menos de 2km, circular o de ida y vuelta, esta en la parte norte del pueblo, cerca de las eras, cruzando la carretera que lleva a Cubillo del Cesar.

Risco de caliza en medio de una zona de arenisca, se le denomina con este nombre porque antiguamente era habitual ver a los lobos subidos observar el paso del ganado.

Ya con el tiempo se ha ido perdiendo la tradición de pasear por este lugar.

Actualmente, esta zona cercana a la gravera, se encuentra en una fase de recuperación ambiental.

CAMINO SAN CLEMENTE

Empezando desde las eras, situadas en la parte norte del pueblo, bajamos por la senda de Valhondo, que llega hasta la carretera N-234, y continuamos por el camino paralelo a la carretera hasta el final, cruzamos la carretera con precaución y continuamos hasta la fuente de San Clemente.

Este recorrido es de aproximadamente 1,5Km.

Podemos volver por donde hemos venido, o seguir uno de los dos caminos de la Ruta PRC-BU 216.

Por el primero son unos 9Km, continuando hacia el risco del Boquerón, nos introducimos en el monte del Calero, hacia el monte de Valdeartesa y los Ruyales.

Y por el segundo 1,2Km nos lleva por la parte alta del Cerro de la montaña paralelos a la carretera N-234, con unas bonitas vistas llegaremos al pueblo descendiendo y cruzando la carretera BU-901, enlazando con la senda del puente de San Marcos, hasta terminar en la Fuente.

CAMINO MAZARIEGOS

Desde la fuente, continuamos calle arriba, por la parte baja del pueblo y siguiendo el camino de las huertas, salimos a la carretera nacional dirección Soria, cruzamos con precaución y nos incorporamos al camino paralelo a la N-234.

Es una ruta sencilla rodeado de un paisaje natural, que recorre el lado norte de la Sierra de las Mamblas.

También se puede empezar desde las eras, siguiendo el camino que pasa por las graveras, llegaremos a una bifurcación donde continuaremos recto siguiendo el camino paralelo a la carretera N-234 y llegaremos directamente a Mazariegos, los últimos metros hay que cruzar la carretera de nuevo con precaución.

Se puede volver por la misma ruta o seguir el camino que sube la montaña, por la parte alta de las Mamblas y disfrutar de una panorámica espectacular.

Si vuelves por la parte alta, sigue el camino paralelo a la carretera N-234 y llegaras directamente a la fuente de Cuevas de San Clemente.

Mazariegos es un antiguo pueblo abandonado, donde parte de la iglesia medieval, fue trasladada a diferentes lugares.

Podemos encontrar su magnifica pila bautismal de estilo Románico fechada a mediados del siglo XII y firmada por el maestro "Pedro", en el Museo Arqueológico Nacional de Madrid, y su hermosa portada románica que hoy adorna el atrio reconstruido recientemente, de la iglesia de Santa Cecilia en Salas de los Infantes.

Cada 10 de diciembre se celebra en Cuevas de San Clemente misa a Santa Eulalia, Patrona de Mazariegos.

Es una buena zona para la observación astrológica.

Vegetación predominante, Jaras, Robles y Encinas

CAMINO QUINTANILLA DE LAS VIÑAS

Empezando desde la fuente, continuamos por la parte baja del pueblo, calle Carretas, y seguimos por las huertas hasta salir del pueblo a la carretera N-234.

Tendremos que cruzar la carretera con precaución y seguir por el camino hasta llegar a la primera bifurcación, donde tomaremos el camino que sube de la izquierda.

Continuamos siguiendo el tendido eléctrico hasta llegar a un cruce, por el camino de la derecha a unos 650m podemos ver la ubicación de un monumento megalítico *"Dólmen"* de carácter funerario, o continuar recto, sin desviarnos por el camino principal llegaremos a la carretera.

A la derecha, a unos 800m se encuentra un lugar de interés, yacimiento arqueológico de ícnitas, huellas de dinosaurios, denominada *"las Sereas 7"*.

A la izquierda siguiendo la carretera llegaremos a Quintanilla de las Viñas.

Una vez dentro del pueblo, encontraremos las indicaciones para visitar la iglesia, ermita visigoda del Siglo VII de Santa Maria de las Viñas declarada monumento nacional en 1929, construida a base de grandes sillares de caliza gris, y que actualmente solo se conserva el ábside cuadrado y la nave transversal.

Podemos volver por el mismo camino.

CAMINO DE LAS MAMBLAS

Saliendo de la fuente, junto a la **"Poza"**, seguimos el camino que atraviesa el puente de piedra y la fuente vieja, antes de llegar al puente de San Marcos tomamos el camino a la izquierda que sube hacia la montaña (desnivel moderado), llegaremos al repetidor en la parte alta donde podemos contemplar una bonita postal del pueblo.

Continuamos 5Km aproximadamente, hasta llegar al cruce de caminos, a la izquierda esta el camino que baja a Mazariegos, si continuamos recto podremos subir directamente a lo alto del Castillejo, a 1344m de altura, con un ascenso final corto pero una alta inclinación.

También podemos seguir el camino de la derecha sin desviarnos, llegaremos a la ermita de Nuestra Señora de las Mamblas, donde podremos descansar en el merendero que hay junto a la ermita.

Cada 8 de Septiembre se celebra la romería de *"La Virgen de Mamblas"* a la que acuden los cofrades y vecinos de los pueblos cercanos.

Destaca la extensa población de encinas.

Podemos volver por el mismo camino inicial o enlazar con el camino de Mazariegos.

Provincia de Burgos
ARLANZA
Es ésta una tierra de transición y matices, de alternancia entre vastas llanuras y suaves valles. Punto de defensa contra el invasor y foco de creación de la más primitiva Castilla.
Provincia de Burgos
origen y destino
DestinoBurgos
@BurgosTur
www.turismoburgos.org
Cogollos
Quintanilleja
Villangómez
Valdorros
Villafuertes
Hontoria de la Cantera
N-234
Camino del Cid
San Quirce
del Campo
de la Sierra
Villamiel de la Sierra
Villoruebo
Mazueco de Lara
Tinieblas de la Sierra
Valle del Sol
Mencilla (1.932)
COGOLLOS
de Monte
Montuenga
Caserío Granja
Cubillo del Campo
Canteras de Hontoria
Tornadijo
Madrigal del Monte
Quintanalara
Torrelara
JURISDICCIÓN DE LARA
Cubillo del Cesar
Quintanilla a Cabrera
Paules de Lara
La Aceña de Lara
Iglesiapinta
Madrigalejo del Monte
Río de las Canteras
Cuevas de San Clemente
Dolmen
Cubillejo de Lara
Vega de Lara
San Millán de Lara
Rupelo
Jaramillo de La Fuente
A-1
Villamayor de los Montes
11
Torrecilla del Monte
Mazariegos
Quintanilla de las Viñas
Lara de los Infantes
Campolara
Villaespasa
Jaramillo Quemado
Vizc
Angel
Vega
Río
12
Mecerreyes
Sierra de Las Mamblas
BU-901
Mambrillas de Lara
Tembrares
Marín
Piedrahita de Muñó
Pinilla de los Moros
BU
Tordable
Villalmanzo
Covarrubias
Hortigüela
BU-904
Cascajares de la Sierra
Villanía
Santa Inés
Santillán del Agua
Quintanilla del Agua
Granja
Puentedura
Puente Azul
Salas de los Infante
BU-904
Lerma
Bascones del Agua
Tordueles
Retuerta
San Pedro de Arlanza
Barbadillo del Mercado
3 10
Revilla-Cabriada
Ura
Castroceniza
BU-904
9 SABINARES DEL ARLANZA
Contreras
La Revilla
Haedo
Hacinas
Quintanilla de la Mata
Castrillo Solarana
5
Cebrecos
Quintanilla del Coco
8
Peña de Carazo
Villanueva de Carazo
Rabé de los Escuderos
Villoviado
Salceda
Solarana
Nebreda
BU-900
Santibáñez del Val
Santo Domingo de Silos
Carazo
BU-900
Fontioso
Tejada
Barriosuso
Hinojar de Cervera
Desfiladero de La Yecla
Peña de Cervera
Gete
N-234
Hortezuelos
Peñacoba
Mamolar
SIGNOS CONVENCIONALES
Oficina de Turismo
Camino de Santiago
Camino del Cid
Entorno Natural
Embalse
Patrimonio de la Humanidad
Museo
Conjunto Histórico
Monumento
Zona Arqueológica
Dólmenes
Icnitas
Necrópolis
Lagunas y saltos de agua
Estación de esquí
Campo de golf
Espacio Natural protegido
Capital de Municipio
Población
Río
Autopista
Autovía
Carretera Nacional
Carretera Autonómica
Carretera Provincial y otras carreteras
España
Burgos
Castilla y León
Provincia de Burgos
origen y destino
Provincia de Burgos
ARLANZA
Diputación de Burgos

Pedro Alcalde
Cueva de San Clemente
Gravera
Monte Mayor
1107
Cuevas de San Clemente
Gravera
Fuente del Medio
El Peñueco
Los Templarios
Peñalara 1296
Los Corral
Ntra. Sra. de las Viñas
Sereno
Quintanilla de las Viñas
Castillo de Lara (ruinas)
Fuente Vieja
Peña Argeña
Fuente de Cabañas
Cno. de
Prado
Río
Fuente del Espino
la
Sierra
Lomanillas
las
de
N-234
Vega
Dolmen
K. 463
K. 462
K. 461
Monte de Mazariegos
de
Mazariegos (ruinas)
Gravera
Burramujeres
Tenadas del Altillo
Mtial. de San Martín
San Martín
138 kV
San Juan
de
Valles
Río
Valdesanmillán
K. 3
K. 2
Valdelaspersillas
Tenadas de Carrelara
Bajo Astillero
Mamblas
Alto de Mazariegos
K. 460
K. 459
Gravera
BU-V-8207
Arroyo de Temblares
K. 458
Tenadas de los Llanos
BU-901
K. 4
Fuente de Aguas Podridas
Tv.
Bodegas
Mecerreyes
Bodegas
Sierra
Castillejo
Ermita de Nuestra Señora de las Mamblas (ruinas)
Gravera
K. 457
K. 456
K. 455
El Otero
Valdelaescaleras
Muela 1376
Las Revueltas
de
Man
Matallana
Mata Fría
K. 6
Fuente de San Andrés
K. 7
Fuente de Valdarcos
El Regajo
Santa Olalla
CARTOGRAFÍA DEL INSTITUTO GEOGRÁFICO NACIONAL. MTN25 © IGN IGN.ES

FIESTAS Y CELEBRACIONES

LAS MARZAS - 28 FEBRERO

SAN ISIDRO LABRADOR
15 MAYO , AGRICULTORES

FIESTAS DE SAN MIGUEL
28,29,30 SEPTIEMBRE.

SUBIDA DEL BELÉN
PRIMER FIN DE SEMANA DICIEMBRE

SANTA EULALIA
PATRONA DE MAZARIEGOS, EL 10 DICIEMBRE

CANTO DE LAS MARZAS

RECOPILACIÓN DEL TEXTO , MORFEO TEATRO 🎭

CUEVAS DE SAN CLEMENTE

MARZAS

* versos subrayados
marcan cambio
de ritmo rápido o lento en
cantos

1

*A cantar las marzas
señores venimos (BIS)
y para cantarlas
licencia traemos (BIS)
del señor alcalde
y el cura primero (BIS)

2

* Buena sea tu venida
y entradita en el corral
perdonad la gente
honrada
que os viene a despertar

3

Esta noche entra Marzo
media noche para abajo
esta noche también entra
el San Angel de la Guarda

4

Que nos libre y nos
defienda
de las penas del infierno
que nos libre y nos
defienda
y nos dé salud y gracia

5

Desde Marzo entra Abril
con las flores relucir
desde Abril entra ya Mayo
con las flores
relumbrando

6

Desde Mayo entra San
Juan
cuando grana bien el pan
desde San Juan entra
Junio
con las hoces en un puño

7

Desde Junio entra Julio
segando muy a menudo
desde Julio entra Agosto
cuando se recoge todo

8

Desde Agosto entra
Septiembre
¡oh, qué lindo mes es
este!
que se coge pan y vino
si durara para siempre

9

Si para siempre durara
pan y vino no faltara
costales en el molino
y las rejas en la fragua

10

Mes de mayo, mes de
mayo
mes de los grandes
calores
en que las cebadas granan
y los trigos dan en flores

11

Cuan los bueyes estan
gordos
los caballos corredores
cuando los enamorados
andan en busca de
amores

12

Unos se sirven de rosas
otros de rosas y flores
otros con palabras dulces
que roban los corazones

13

Unos con naranjas dulces
otros con agrios limones
otros con buenos dineros
aquestos son los mejores

14

¡Ay de mi, triste cuitado!
metido en tantas prisiones
sin saber cuando es de día
y menos cuando es de
noche

15

Sino por tres pajarillos
que me cantan sus
amores
uno es la tortolilla
el otro es el ruiseñor

16

el otro es un pajarillo
de las aves la mejor
la ha matado un caballero
que no tiene corazón

17

Si lo hacía por la pluma
oro le daría yo
si lo hacía por la carne
no pesaba un cuarterón

18

Si le encuentro al
caballero
no le diera yo perdón
de tres aves que tenía
me ha matado la mejor

19

* Levantaos damas
de estas lindas camas
abriréis los cofres
nos daréis castañas

20

Si serán con pelos
o serán peladas
si serán cocidas
o serán asadas

21

Levantaos damas
de esos lindos lechos
abriréis los cofres
nos daréis dinero

22

A medio doblón
a doblón entero
una perra chica
o algún dinero

23

Si nos dais un huevo
no nos lo deis huero
si nos dais morcillas
no las deis canidas

24

Si nos dais dinero
para echar un trago
porque la garganta
se nos va secando

25

* Y vosotras las mujeres
que gastáis camisa blanca
nos daréis un huevecillo
de la gallinita blanca

26

Y vosotras las mujeres
que gastáis camisa negra
nos daréis un huevecillo
de la gallinita negra

27

Y vosotras las mujeres
que gastáis camisa limpia
nos daréis un huevecillo
de la gallinita pinta

28

Los señores de esta casa
tienen viñas y majuelos
y también tienen gallinas
nos darán un par de
huevos

29

Esta noche un par de
huevos
y a la mañanita cinco
nueve más luego nos deis
y tendremos diez y seis

30

Los señores de esta casa
las gaitas nos han de dar
por ir a rondar las moras
al Peñón de Gibraltar

31

Si el Peñón de Gibraltar
fuera de tocino blanco
ya se lo hubieran comido
los soldados de a caballo

32

Si el Peñón de Gibraltar
fuera de magra cecina
ya se lo hubieran comido
los soldados de la Línea

33

Si el Peñón de Gibraltar
se volviera una doncella
mas de cuatro caballeros
fueran a dormir con ella

34

Aquí vive y aquí mora
aquí vive una señora
aquí vive un hombre
honrado
que es el señor de este
barrio

35

Aquí vive y aquí mora
aquí vive una pastora
aquí vive un hombre
bueno
que es el dueño de este
pueblo

36

La casa del señor cura
bien se puede llamar
Gloria
porque dentro de ella está
quien gobierna la
Custodia

37

La casa del señor cura
bien se puede llamar Cielo
porque dentro de ella está
quien gobiera el
Sacramento

38

* Sal a la ventana
tú linda doncella
oye nuestro canto
que a ti te hermosea

39

Comienzo en el pelo
que eso es lo primero
tus rizos mi dama
en ellos me enredo

40

Tu frente preciosa
es campo de guerra
donde el rey guerrero
formó su bandera

41

Esas tus orejas
dos conchas marinas
que de ellas cuelgan
dos perlas muy finas

42

Esas tus mejillas
son dos arcas llenas
donde se me olvidan
mil y una penas

43

Esos tus dos ojos
son claros luceros
que de noche alumbran
a los marineros

44

Esos tus dos labios
florecen en ramas
son como las rosas
blancas y encarnadas

45

Esa tu nariz
un filo de espada
que bien me traspasa
corazón y alma

46

Esa tu garganta
tan blanca y serena
que el agua que bebes
se clarea en ella

47

Esos tus dos brazos
son dos picaportes
cuando tú los cierras
siento yo los golpes

48

Esos tus diez dedos
con finos anillos
que para mí son
cadenas y grillos

49

Esos tus dos pechos
son dos fuentes claras
donde yo bebiera
si tú me dejaras

50

Esa tu cintura
tan acinturada
es un minbre de oro
cortado en la playa

51

* De cintura para abajo
yo no puedo comprender
¿cómo quieres que
comprenda
lo que mis ojos no ven?

52

* Esos tus dos muslos
son de oro macizo
donde se sostiene
todo el artificio

53

Esas tus rodillas
dos bolas de plata
donde se contiene
toda mi esperanza

54

Esas pantorrilas
medio coloradas
dos columnas firmes
muy bien torneadas

55

Esos pies pulidos
no hay que despreciar
en el baile dicen
los pasos que dar

56

Levantaos damas
de esas lindas camas
abriréis los cofres
nos daréis castañas

57

Levantaos damas
de esos lindos lechos
abriréis los cofres
nos daréis dinero

58

* Y con esto despedimos
y con esto adiós, adiós
ya las marzas concluimos
ya la marza se acabó.

59

Y con esto concluimos
y con esto adiós, adiós
ya las marzas despedimos
ya la marza se acabó.

60 - TODOS

Quédense con Dios,
señores,
hasta el año venidero:
¡Así se acaban las marzas
que cantamos con
esmero!

TIPOS DE CANTOS DE MARZAS:

1 AL 2 CANTO DE
PRESENTACIÓN
3 AL 13 CANTO DE LA
PRIMAVERA
14 AL 18 ROMANCE
PRISIONERO
19 AL 37 CANTO DE
AGUINALDOS
38 AL 57 CANTO DE LAS
DAMAS
58 AL 60 CANTO DE
DESPEDIDA

DEPORTE Y OCIO

FRONTON - BOLERA

Está situado en la parte norte del pueblo , cruzando la carretera N-234 , enfrente de las eras y cerca de una tranquila zona para pasear por la senda de Valhondo.

Justo detrás del frontón se encuentra la bolera tradicional donde se celebran torneos en las fiestas del pueblo.

PARQUE DE JUEGOS INFANTIL

Parque Infantil con columpio, tobogán y caballitos para que los más peques pasen un rato de ocio después de dar una vuelta por el pueblo de Cuevas de San Clemente.

Está situado donde antiguamente estaba la bolera tradicional, y justo enfrente se encuentra el Espacio Cultural de Modesto Ciruelos.

También se pueden ver cerca algunos de los carteles de la muestra artística al aire libre, Orígenes y Destinos de Modesto Ciruelos.

PINTA Y COLOREA

SERVICIOS

AUTOBÚS

RUTA DESDE BURGOS HASTA LERMA
PARADA EN CUEVAS DE SAN CLEMENTE

INFORMACIÓN Y HORARIOS:

www.autocaresarceredillo.es

TELÉFONO: 947482264

RESTAURANTE: MESÓN EL JAMON
MENU DIARIO L-V 11€
FINES DE SEMANA 16,5€
DESAYUNOS Y ALMUERZOS.
RACIONES JAMÓN
BOCADILLOS FRÍOS Y CALIENTES.
TELÉFONO: 947403072

ALOJAMIENTOS

CASA RURAL LA HORNERA

ALOJAMIENTO RURAL DE ALQUILER POR HABITACIONES

(2 HABITACIONES DOBLES Y 1 HABITACIÓN INDIVIDUAL)

PRECIOS, HABITACIÓN DOBLE 45€

HABITACIÓN INDIVIDUAL 25€

LOS PRECIOS PUEDEN CAMBIAR SEGÚN TEMPORADA

TELÉFONO 625050905 Y 687826562

CASARURAL@LAHORNERA.INFO

WWW.LAHORNERA.INFO

CASA RURAL SIXTO

PRECIO 150€ NOCHE
ALOJAMIENTO RURAL
ALQUILER COMPLETO.
MÁXIMO HASTA 6 PERSONAS.

HABITACIONES CON BAÑO PRIVADO
SALON COMEDOR Y COCINA COMPLETA

LOS PRECIOS PUEDEN CAMBIAR SEGÚN TEMPORADA

TELÉFONO 625050905

CASA@SIXTORURAL.ES
WWW.SIXTORURAL.COM